Vorlesemaus

Ein Kuscheltier fährt übers Meer

und weitere Reisegeschichten

Geschichten von Luise Holthausen

Illustrationen von Annika Sauerborn

CARLSEN

Inhalt

 | ISBN: 978-3-551-22120-9
Illustrationen von Annika Sauerborn | Illustration der Lesemaus: Hildegard Müller
Redaktion: Caroline Fuchs | Umschlagkonzeption: Karin Kröll
Lithografie: ReproTechnik Fromme, Hamburg
Druck und Bindung: BALTO Print, Vilnius | Printed in Lithuania

Alle Bücher im Internet unter: www.lesemaus.de
Newsletter mit tollen Lesetipps kostenlos per E-Mail: www.carlsen.de

Miris Abenteuerreise

Miri sitzt in ihrem Schmollwinkel im Kleiderschrank. Das ist alles so ungerecht! Als Mama heute von der Arbeit kam, hat sie gesagt, dass sie nicht morgen, sondern erst in ein paar Tagen in den Bauernhofurlaub fahren können. Mama hat vorher noch irgendwas Blödes im Büro zu tun.

Aber Miri will jetzt sofort verreisen! Und solange das nicht geht, wird sie in ihrem Schmollwinkel bleiben. Das hat Mama dann eben davon!

Die Schranktür bewegt sich. »Was machst du da?«, will ihr Bruder Luca wissen.

»Geh weg«, knurrt Miri.

»Versteckst du dich?«

»Geht dich gar nichts an!«

»Vor Einbrechern oder vor wilden Tieren?«, fragt Luca weiter. Jetzt krabbelt auch er in den Schrank. Zu zweit ist es ziemlich eng in Miris Schmollwinkel.

Eine Hose baumelt in Lucas Gesicht, vorsichtig schiebt er sie beiseite. »Mann, hier gibt es ja lauter Schlingpflanzen!«

Miri schaut sich um. Da baumelt ihr Sommerkleidchen am Bügel. Ihr Anorak. Ihre Regenjacke. Stimmt, lauter Schlingpflanzen!

»Wir sind im Urwald«, sagt sie aufgeregt. »Hörst du die Tiger?«

Luca grollt zur Antwort: »Grrrrr.«

Miri sitzt auf einmal ganz aufrecht. »Wir müssen uns in Sicherheit bringen!«

Sie winden sich zwischen den Schlingpflanzen hindurch. Das ist ganz schön gefährlich! Von oben fällt Miri etwas auf den Kopf, ein Palmwedel wahrscheinlich, der aussieht wie ein Handtuch. Und dann poltert es lautstark, als Luca mit dem Fuß gegen die Winterstiefel tritt – das war bestimmt ein Elefant!

Endlich sind sie aus dem Urwald heraus und gelangen auf die weite Steppe. Blau und flauschig wie der Kinderzimmerteppich liegt sie vor ihnen. Damit kein gefährliches Tier sie entdeckt, robben Miri und Luca auf dem Bauch darüber hinweg. Bis sie an den Rand der Steppe kommen, denn da –

»Da ist ein reißender Fluss!«, ruft Luca und deutet auf den Streifen Parkett.

Wie sollen sie nur an das andere Ufer kommen? Aber Miri hat eine Idee. Sie holt den großen Pappkarton, in dem heute Morgen ihre Puppen gewohnt haben, und dreht ihn um. »Wir rudern mit unserem Boot.«

Luca findet noch zwei Kochlöffel in der Puppenküche und dann hocken sie sich zusammen in das Boot und rudern mit den Löffeln los. Das Boot ist eng und schwankt, sobald sie sich auch nur ein bisschen bewegen.

»Die Wellen sind so hoch«, ächzt Luca.

»Wir schaffen das!« Miri rudert verbissen. Aber das Boot wankt hin und her auf dem reißenden Fluss. Es neigt sich gefährlich zur Seite und platsch, landen sie im Wasser. Mit beiden Händen klammert Miri sich am Teppichufer fest. Luca schafft es, sich mit einem Sprung an Land zu retten, und kann Miri helfen.

Irgendwo klappert es. Luca flüstert: »Eine Klapperschlange!«

Sie robben weiter übers Land. Hinter einer unüberwindlichen Wand ragen die Küchenmöbel wie ein Gebirge auf. Miri und Luca kriechen zu

einer Felstür und linsen hindurch. Die Schlange steht in der Küche und klappert mit Geschirr. Auf einem Teller liegen ein paar Kekse!

Wieder grollt es. Diesmal ist es kein Tiger, sondern Miris Magen. »Jetzt!«, zischt sie.

Gemeinsam stürzen sie los, schnappen sich jeder eine Handvoll Kekse und flüchten mit ihrer Beute hinter die Felswand, über den Fluss, durch die Steppe bis in ihre Urwaldhöhle. Das Lachen der Klapperschlange folgt ihnen.

»Puh, das war knapp«, schnauft Luca und knabbert an einem Keks.

Miri nickt. So spannend ist es ja nicht mal auf dem Bauernhof!

»Und wohin reisen wir jetzt?«, fragt sie.

Ich packe meinen Koffer

Endlich sind Ferien! Alina packt schon mal ihren Koffer, denn morgen fährt sie mit ihren Eltern in Urlaub. Es kommen mit: ihr Kuschelaffe, das Sandspielzeug, der Kipplaster aus Holz, die Box mit den Duplosteinen, die Bauernhoftiere und der Schwimmreifen mit den lustigen bunten Punkten.

Mama ruft aus dem Wohnzimmer: »Wir müssen noch deine Sachen für den Urlaub packen!«

»Hab ich schon!«, antwortet Alina stolz. Mama kommt ins Kinderzimmer und schaut sich den Kofferinhalt an. »Und wo sind deine Anziehsachen?«

»Na, da drin.« Alina zeigt in den Koffer. Zwischen Kipplaster und Duplobox klemmt ihr Schlafanzug.

Mama schüttelt den Kopf. »Und was ist mit Unterwäsche, mit Kleidern, Hosen und T-Shirts? Das Spielzeug kannst du doch auch gut in deinen Kinderrucksack packen.«

Alina verzieht das Gesicht. Der Kinderrucksack ist winzig! Da passt doch überhaupt nichts rein.

Mama legt den Schwimmreifen beiseite. »Den brauchst du sowieso nicht. Wir fahren in die Berge, Alina, nicht ans Meer!« Mit schnellen Handgriffen räumt sie alle tollen Spielsachen aus dem Koffer und legt anschließend lauter langweilige Klamotten hinein. »So ist es besser.«

So ist es überhaupt nicht besser! Aber Alina weiß schon, was sie zu tun hat, wenn Mama endlich wieder aus dem Zimmer gegangen ist.

»Sind die schwer«, stöhnt Papa, als er am nächsten Morgen die Koffer ins Auto hievt. »Was habt ihr denn da alles eingepackt?«

»Nur wichtige Sachen«, antworten Mama und Alina gleichzeitig.

Nach einer mehrstündigen Fahrt kommen sie bei der Ferienwohnung in den Bergen an. Alina räumt schnell ihre wichtigen Sachen in den Schrank.

Als Mama ins Zimmer kommt, um ihr zu helfen, ruft Alina schnell: »Schon fertig!«

»Du bist aber heute fix«, freut sich Mama.

In der Ferienwohnung nebenan macht noch eine andere Familie Urlaub. Sohn Max ist so alt wie Alina und sie findet ihn richtig nett. Zusammen dürfen die Kinder auf dem Spielplatz bleiben, während ihre Eltern gemeinsam die Gegend erkunden.

»Ich will eine Sandburg bauen«, sagt Max und buddelt mit den Händen.

Alina holt schnell ihr Sandspielzeug. Wie gut, dass sie es doch mitgenommen hat. Damit geht das Burgenbauen viel besser. Sie graben und schaufeln wie wild, und Alina buddelt ein SOOO tiefes Loch, dass sie gar nicht merkt, wie Papa und Mama schon wieder um die Ecke biegen. Erst als Max sie anstupst, schaut sie hoch. Oje, Mama soll doch das Sandspielzeug nicht sehen!

Aber Mama achtet gar nicht darauf. Sie läuft nur ganz komisch und steif den Weg entlang.

»Mama, was hast du denn?«, fragt Alina erschrocken.

Mama lächelt gequält. »Ich bin ausgerutscht. Es ist nichts Schlimmes passiert, aber ich bekomme bestimmt einen großen blauen Fleck am Po.«

Zum Abendessen gibt es selbstgemachte Pizza. Während Papa und

Alina in der Küche arbeiten und sich um alles kümmern, soll Mama sich ausruhen. Aber stattdessen steht sie die ganze Zeit neben ihnen.

Hmm, wie das duftet – die Pizza ist fertig! Alina und Papa setzen sich an den Tisch, nur Mama steht immer noch herum. Ängstlich schaut sie auf den Stuhl. »Ich glaube, mit meinem blauen Fleck am Po muss ich im Stehen essen«, sagt sie.

Da hat Alina eine Idee! Sie springt auf und saust in ihr Ferienzimmer. Gleich darauf ist sie mit ihrem Schwimmreifen wieder da.

»Du kannst dich hier draufsetzen«, sagt sie zu Mama. »Dann tut dir dein Popo nicht so weh.«

Mama guckt erst auf den Schwimmreifen und dann auf Alina. Sie setzt sich mit einem erleichterten Seufzer und sagt: »Manchmal ist es doch gut, dass du deinen eigenen Kopf hast.«

Alina nickt zufrieden. Da kann man mal sehen, wie nützlich Schwimmreifen in den Bergen sind.

Ein blinder Passagier

Finn ist fünf Jahre alt und fährt heute das erste Mal mit seinem Opa Zug. Die Lautsprecher quietschen und eine undeutliche Stimme sagt: »Bitte steigen Sie ein. Ihr Zug fährt jetzt ab!« Dann ein schriller Pfiff, ein Piepen und die Türen des ICE schließen sich.

»Opa, wir fahren los!«, ruft Finn aufgeregt.

»Und in zwei Stunden sind wir schon bei Oma.« Opa verstaut die Reisetasche in der Gepäckablage und macht es sich dann gegenüber von Finn bequem. Neben sich stellt er den Beutel mit dem Proviant. Finn freut sich schon auf die leckeren Brote. Sogar Kekse haben sie dabei. Und ihr Platz ist auch toll, mit einem kleinen Tisch und noch zwei freien Sitzen neben sich.

Ein ungefähr neunjähriger Junge mit cooler Mütze und Kopfhörern schlurft durch den Mittelgang an ihnen vorbei. Ein paar Reihen weiter lässt er sich auf einen freien Platz fallen.

Der Zug hat den Bahnhof verlassen und düst los. Eine Weile guckt Finn aus dem Fenster. Häuser, Bäume, Menschen, Autos – **wusch,** macht es, und schon sind sie an ihnen vorbeigesaust.

Finn beugt sich vor und schaut nach dem Jungen mit der coolen Mütze. Er sitzt immer noch allein auf seinem Platz und hört Musik.

»Ich steh mal auf«, sagt Finn zu Opa.

Er geht den Mittelgang entlang bis zum Ende des Waggons, dabei hält er sich an den Sitzlehnen fest. Dann kehrt er wieder um und geht ans andere Ende. Und wieder zurück.

Schließlich fasst er sich ein Herz und bleibt vor dem Jungen stehen.

»Hallo, du«, sagt Finn. Der Junge wendet seinen Blick vom Fenster ab und guckt Finn gelangweilt an.

»Wie heißt du?«, will Finn wissen.

»Dennis.«

»Und was hörst du da?« Finn zeigt auf die Kopfhörer.

»Musik.«

»Lässt du mich auch mal hören?«

Dennis schüttelt nur den Kopf. Sehr gesprächig scheint er ja nicht gerade zu sein.

Finn macht einen neuen Anlauf. »Mit wem fährst du denn Zug?«

Jetzt zieht der Junge endlich die Kopfhörer von seinen Ohren. »Dafür brauche ich niemanden. Das kann ich ganz alleine!«

Finn staunt. Ganz alleine Zug fahren! Ohne dass ihn jemand abholen kommt! Das will er auch mal können.

In diesem Moment geht am anderen Ende des Waggons die Schiebetür auf und der Schaffner kommt herein. »Die Zugestiegenen bitte die Fahrscheine«, sagt er laut.

Sofort zieht Finn die Fahrkarte hervor, die Opa ihm gegeben hat.

Auch Dennis kramt in seiner Hosentasche. Auf einmal sieht er gar nicht mehr cool aus, sondern ziemlich klein und blass. »Mist, ich hab meine Fahrkarte vergessen«, flüstert er.

Finns Herz klopft schnell. Ist Dennis nun ein blinder Passagier?

Der Schaffner kommt näher. Dennis springt auf. »Ich muss mal aufs Klo.« Wie der Blitz ist er verschwunden, ohne dass der Schaffner ihn gesehen hat. Dafür bleibt dieser kurz darauf bei Finn stehen. Finn zeigt ihm seine Fahrkarte.

»Vielen Dank.« Mit einem Lächeln knipst der Schaffner sie ab. »Gute Fahrt noch, junger Mann«, sagt er freundlich und verschwindet im anderen Waggon.

Dennis linst aus der Klotür. »Ist er weg?«

»Ja, die Luft ist rein.« Finn grübelt, denn so geht das doch nicht! Wenn der Schaffner Dennis nun erwischt? Er kann sich doch nicht die ganze Zeit verstecken. Nein, Dennis braucht unbedingt eine Fahrkarte!

Finn läuft zurück zu seinem Platz, wo Opa gemütlich sitzt und aus dem Fenster schaut. »Opa, ich muss dir was erzählen!«

Zehn Minuten später hat Dennis eine Fahrkarte. Opa hat sie für ihn gekauft. Jetzt sitzen sie alle zusammen und spielen Quartett. Finn hat schon zwei Mal gewonnen. Und die Kekse können sie gleich auch noch essen – was für eine tolle Zugfahrt!

Ein Wohnwagen geht auf Reisen

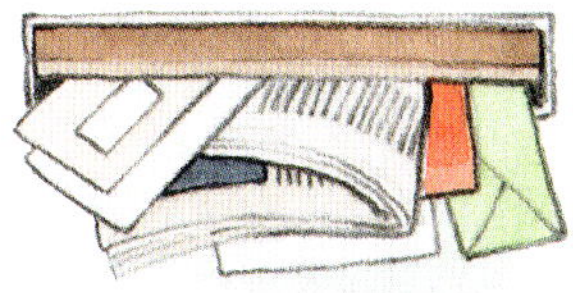

Leo und seine Schwester Anna drücken sich die Nasen am Fenster platt. Aufregende Dinge geschehen vor ihrem Haus!

»Was ist das, was da einparkt?«, fragt die kleine Anna.

»Ein Wohnwagen«, erklärt ihr Bruder Leo.

»Und wie kann man damit fahren?«

»Man hängt ihn hinten an ein Auto ran.«

Jetzt hat das Auto mit dem Wohnwagen fertig eingeparkt. Die Autotür geht auf und heraus steigt – »Papa!«, ruft Leo erstaunt.

Papa winkt und geht zum Haus. Aufgeregt rennen Leo und Anna ihm entgegen und hüpfen um ihn herum. »Warum fährst du mit einem fremden Auto? Woher hast du den Wohnwagen?«, bestürmen sie ihn.

Gerade schleppt Mama einen Koffer aus dem Keller nach oben. »Hast du für den Urlaub schon die Schlüssel bei

der Nachbarin abgegeben?«, fragt sie Papa. Dann sieht sie den Wohnwagen. »Was parkt denn da für ein Ungetüm?«

»Den hat mir mein Arbeitskollege ausgeliehen. Damit fahren wir in den Urlaub«, antwortet Papa stolz.

Vor Schreck lässt Mama beinahe den Koffer fallen.

Papa strahlt sie an. »Wir ziehen von einem Ort zum anderen. Und überall, wo es uns gefällt, bleiben wir, denn wir haben ja immer unser Haus dabei!«

»Papa, du hast immer so tolle Ideen«, piepst Anna.

»Das wird ein echtes Abenteuer!«, ruft Leo.

Mama ringt um Worte. »Und was ist mit unserer Ferienwohnung?«

Papa sieht etwas verlegen aus. »Wir haben gar keine Ferienwohnung. Ich habe vergessen, sie zu reservieren, und jetzt ist schon alles ausgebucht.«

»Wenn man nicht alles selber macht«, schimpft Mama.

Am nächsten Morgen fahren sie los. Alle sind gut gelaunt. Na ja, fast alle.

Papa, Leo und Anna erfinden ein Lied. »Ein Wohnwagen geht auf Reisen«, singen sie. Nur Mama bleibt still. Über viele, viele Kilometer lang.

»Hast du die Schlüssel bei der Nachbarin abgegeben?«, fragt sie plötzlich, als sie schon ewig auf der Autobahn fahren.

Papa wird langsamer und sofort fangen die Autos hinter ihnen an zu hupen. Da kommt am Straßenrand ein Hinweisschild auf eine Raststätte. Papa setzt den Blinker und fährt ab.

Mama schaut ihn an und seufzt. »Du hast sie also nicht abgegeben. Unser Briefkasten wird überquellen und die Pflanzen werden vertrocknen, weil die Nachbarin nicht in unsere Wohnung kommt.«

»Ich hab's vergessen«, gesteht Papa kleinlaut.

Oje, jetzt müssen sie den ganzen weiten Weg zurückfahren! Zum Glück hat Papa eine bessere Idee. Er parkt stattdessen auf einem großen Parkplatz, der extra für Wagen mit Anhänger ist. Dann steigt er aus und hängt den Wohnwagen ab. »Ihr bleibt hier und macht Pause, während ich zurückfahre und den Schlüssel abgebe.«

Mama ist einverstanden und Leo und Anna freuen sich. Sie spielen Uno und Elfer raus, dann macht Mama ihnen etwas zu essen und Anna hält ein Mittagsschläfchen in ihrer Koje.

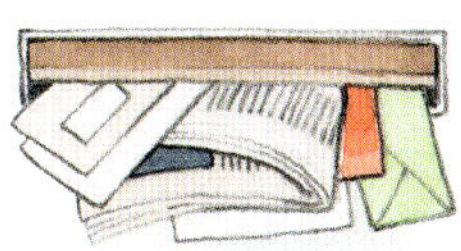

Als Papa wiederkommt, ist Mama gar nicht mehr sauer, denn eigentlich war die Pause ganz schön. »Es ist schon praktisch, wenn man sein Haus immer dabeihat«, gibt sie zu.

Papa parkt das Auto genau vor dem Wohnwagen. Mama treibt alle zur Eile an. »Wir gehen hier jetzt noch mal schnell aufs Klo und dann geht's weiter, damit wir auch noch rechtzeitig ankommen!« Schnell huschen Anna und Leo mit Mama Richtung Toilettenhäuschen, während Papa sich erschöpft auf dem Beifahrersitz niederlässt.

Nach ein paar Minuten kommen sie zurück und Mama setzt sich ans Steuer. Sie startet den Wagen, fährt los und setzt den Blinker. »Man merkt ja überhaupt nicht, dass wir etwas Schweres ziehen«, sagt sie und wirft einen erstaunten Blick in den Rückspiegel.

Papa gähnt und murmelt: »Das Auto hat eben einen starken Motor.«

Aber Mama rollt mit den Augen und bremst schon wieder. Anna und Leo gucken aus dem Fenster. Sie lachen: »Papa, du hast unser Haus vergessen!«

Immer schön vorsichtig!

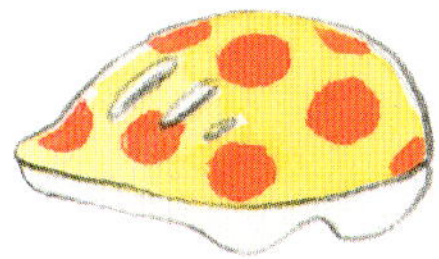

Lotte sitzt auf ihrem Fahrrad und fährt im Kreis. Einmal, zweimal, dreimal. Das klappt gut! Und gleich geht's los zur großen Radtour. Lotte ist schon ganz aufgeregt, denn zum ersten Mal darf sie mit ihrem eigenen Rad mitfahren.

»Sei vorsichtig!«, ruft Papa, der gerade mit den Satteltaschen aus dem Haus kommt.

Vor Schreck gerät Lotte ins Schlingern und fällt beinahe um.

Papa läuft zu ihr. »Siehst du, du musst immer gut aufpassen. Hast du dir wehgetan?«

Lotte schüttelt den Kopf.

Jetzt kommt auch Mama aus dem Haus. »Vielleicht solltest du Lotte doch besser auf dem Kindersitz mitnehmen«, überlegt sie.

Aber Lotte ruft: »Ich darf selber fahren! Ihr habt es versprochen!« Wenn Papa sie mit seinem Getröte nicht so erschreckt hätte, wäre doch gar nichts passiert!

»Also gut«, gibt Papa nach. »Du fährst zwischen Mama und mir. Aber immer schön vorsichtig!«

»Ja, ja«, grummelt Lotte.

Papa hängt die Satteltaschen über seinen Gepäckträger. Sie sind mit leckerem Essen gefüllt, damit sie unterwegs ein Picknick machen können.

Dann geht es endlich los. Papa fährt an und auch Lotte tritt in die Pedale und radelt eifrig hinter ihm her. Am Schluss folgt Mama.

Sie fahren auf einem staubigen Feldweg. Rechts und links liegen Äcker und Wiesen, manchmal durchqueren sie auch ein Wäldchen. So lange am Stück ist Lotte noch nie gefahren.

Ganz sorgfältig achtet sie darauf, immer auf den Weg zu schauen, nicht zu schlenkern und regelmäßig zu treten. Das ist ganz schön anstrengend, doch es macht Spaß! Vor Begeisterung würde Lotte am liebsten die geballte Faust in die Luft recken, aber das geht natürlich nicht. Sie braucht ja beide Hände am Lenker.

Wenn Papa nur nicht so nerven würde! Alle paar Minuten ruft er nach hinten: »Pass auf, Lottchen, da liegt ein Ast auf dem Weg!« Oder: »Pass auf, Lottchen, da an der Seite steht ein Baum!« Als ob sie ihren Lenker herumreißen und extra auf den Baum am Wegesrand zusteuern würde. Also echt!

Und wenn Papa mal den Mund hält, dann ruft garantiert Mama hinter ihr: »Vorsicht, Lottchen, da vorne geht es um die Kurve!«

»Ja, Mama«, antwortet Lotte immer nur. »Ja, Papa.«

Puh! Als ob sie noch ein Baby wäre. Dabei kann sie das doch! Sehen Papa und Mama denn nicht, wie viel Mühe sie sich gibt?

Aber nein, schon tönt es wieder von vorne: »Vorsicht, Lottchen, jetzt wird der Weg etwas holprig.«

Das sieht sie ja wohl selber!

»Also immer schön nach vorne gucken und den Lenker festhalten.«

Das macht sie doch schon die ganze Zeit!

»Lottchen? Hörst du mich?« Papa dreht den Kopf nach hinten.

Da kommt auch schon ein großer Hubbel. Vor Schreck reißt Papa den Lenker herum, brettert mit Karacho auf die Wiese und bleibt mit dem Vorderrad in einem Maulwurfshügel stecken. Beinahe macht er einen Purzelbaum.

Papa schaut verdutzt, aber dann lacht er. Mama und Lotte stimmen in sein Lachen mit ein. Lotte hebt den Zeigefinger und mahnt: »Immer schön nach vorne gucken und den Lenker festhalten, Papa!«

Ein Kuscheltier fährt übers Meer

Max stürmt ins Kinderzimmer, schnappt sich seinen Kuschelaffen Alfie und hüpft mit ihm im Kreis herum. »Juchhu, juchhu, morgen machen wir einen Inselausflug. Wir fahren mit der Fähre übers Meer!«

»Darf ich mit?«, fragt Alfie aufgeregt.

Natürlich darf Alfie mit! Ohne seinen Kuschelaffen geht Max nirgendwohin.

Am nächsten Morgen fahren sie früh los, Papa, Mama, Max und Alfie. Als sie am Hafen ankommen, weiß Alfie kaum, wo er zuerst hinschauen soll, so viel ist hier los. An den Stegen schaukeln Segelyachten. Einige Fischerboote tuckern aus dem Hafen, andere sind gerade hereingekommen und laden jetzt ihren Fang ab. Überall wuseln Leute herum und oben am Himmel ziehen die Möwen ihre Kreise.

Die Fähre liegt am großen Kai. »Ihr braucht keine Fahrkarte«, sagt Papa zu Max und Alfie, als sie über die Gangway, die Brücke zum Schiff, an Bord gehen. »Kinder unter sechs Jahren und Kuschelaffen dürfen kostenlos mitfahren.«

Mama sucht ihnen einen schönen Platz auf dem Vordeck. Da beginnt der Motor zu brummen und zwei Männer holen die Festmacherleinen ein. Schon geht es los!

Max ruft: »Da steht ein Leuchtturm an der Hafeneinfahrt!« Er hebt Alfie hoch, damit er ihn auch sehen kann. Rasch dampft die Fähre am Leuchtturm vorbei. Kaum sind sie auf dem offenen Meer, legt das Schiff noch einen Zahn zu und der Wind pustet Alfie ordentlich ins Gesicht.

Max setzt ihn neben sich auf eine Bank. »Damit du nicht ins Wasser fällst«, erklärt er.

Das gefällt Alfie gar nicht. So sieht er doch überhaupt nichts mehr!

Papa fragt Max: »Willst du mit mir das Schiff erkunden?«

»Ja!« Begeistert springt Max auf und läuft mit Papa davon.

»Halt, du hast mich vergessen!«, ruft Alfie ihm nach, aber Max hört ihn schon nicht mehr. So ein Mist! Und jetzt steht auch noch Mama auf und folgt den beiden. Soll er etwa allein hier versauern?

Alfie reckt den Hals, aber von dieser doofen Bank aus kann er noch nicht mal das Meer sehen. Versuchsweise macht er einen Hüpfer, doch dadurch landet er mitten im Abfalleimer neben der Bank.

Uh, wie das stinkt! Alfie hält sich die Nase zu und ruft gleichzeitig: »Hilfe! Hilfe!«

Das Motorbrummen verändert sich, die Fähre wird langsamer, es gibt einen Ruck. Bestimmt haben sie gerade am Inselhafen angelegt. Viele Füße trappeln übers Deck, dann kehrt Stille ein. Die Leute sind von Bord gegangen.

Alfie bekommt es mit der Angst zu tun. »Max, wo bist du? Hilfe, ich will hier raus!«

Eine Möwe kommt angeflogen, setzt sich auf den Rand des Abfalleimers und mustert ihn mit schief gelegtem Kopf.

»Bitte, hilf mir!«, ruft Alfie ihr zu.

Auch Max hat inzwischen gemerkt, dass er seinen Kuschelaffen vergessen hat. Doch Max und seine Eltern sind von Bord gegangen und die Gangway wird gerade wieder eingefahren. Max fängt laut an zu schluchzen: »Alfie ist weg! Ich hab Alfie verloren!«

Doch dann sieht er eine Möwe, die übers Deck genau auf ihn zufliegt. Nanu, was hat sie denn da im Schnabel? Unmittelbar vor Max stoppt die Möwe, lässt etwas vor seine Füße fallen und dreht mit einem Kreischen wieder ab.

»Alfie!« Max hebt seinen Kuschelaffen auf und drückt ihn an sich. Die Möwe hat ihm Alfie wiedergebracht! Max schaut hoch, doch die Möwe ist schon weitergeflogen. Ein bisschen sieht es so aus, als würde sie ihm mit den Flügeln zuwinken.

Der Unterwegs-Vogel

Eines Tages sieht Merle einen wunderschönen Vogel im Baum vor ihrem Fenster sitzen. Seine bunten Federn glänzen in der Abendsonne. »Bist du ein Papagei?«, ruft Merle ihm zu.

»Nein, ich bin der Unterwegs-Vogel«, antwortet er.

Merle staunt. Von so einem Vogel hat sie noch nie gehört!

Da breitet der Vogel seine Flügel aus, fliegt zu ihr ans Fenster und erzählt ihr seine Geschichte:

»An einem sonnigen Frühlingstag bin ich aus dem Ei geschlüpft. Sofort schlug ich mit meinen Flügelchen und piepste: ›Ich will fliegen!‹

Natürlich war ich dafür noch viel zu klein. Also übte ich jeden Tag, denn ich wollte über den Nestrand schauen und die Welt kennenlernen. Aber es dauerte trotzdem noch eine Weile, bis mein Flaum zu richtigen Federn gewachsen war und ich mit meinen Eltern durch den Buchenwald fliegen konnte.

Eines Tages im Spätsommer sah ich einen Vogelschwarm am Himmel vorbeiziehen. Vor Aufregung fiel mir mein Regenwurm aus dem Schnabel. ›Wo wollen die denn alle hin?‹, rief ich.

›Das sind Schwalben, die für den Winter in den warmen Süden ziehen‹, erklärten meine Eltern.

›Und warum fliegen wir nicht mit?‹, wollte ich wissen.

›Weil wir keine Zugvögel sind. Wir bleiben immer zu Hause am selben Ort.‹

Wie langweilig! Ich wollte doch die Welt entdecken! Als der nächste Vogelschwarm vorbeizog, schwang ich mich einfach in die Lüfte und flatterte hinterher.

›Nehmt ihr mich mit?‹, rief ich aufgeregt. ›Ich will unbedingt die Welt entdecken!‹

›Na gut, du darfst uns begleiten‹, zwitscherten die Schwalben gutmütig.

Sie flogen gen Süden, über die Alpen hinweg. Zum ersten Mal in meinem Leben sah ich die Berge: zerklüftete Felsen und schneebedeckte Gipfel. Vor Staunen bekam ich meinen Schnabel nicht mehr zu. Dann ging es weiter, quer über das Mittelmeer. So viel Wasser! Aber viel Zeit zum Schauen blieb mir nicht, denn die Schwalben waren schon wieder unterwegs. Über sanfte Hügel flogen sie, auf denen Weinreben wuchsen. Die kleinen Beeren, die ich im Vorüberfliegen naschte, schmeckten wundervoll.

Je weiter wir flogen, desto wärmer wurde es. Irgendwann erreichten wir Afrika und dort landeten die Schwalben. ›Hier werden wir den Winter über bleiben‹, sagten sie.

Nach der langen Reise war ich froh, mich etwas ausruhen zu können.

Aber schon nach ein paar Tagen wurde ich wieder unruhig und fragte: ›Wann geht es weiter?‹

›Wir fliegen erst im Frühling zurück‹, antworteten die Schwalben.

›Was, ihr fliegt denselben Weg zurück?‹ Ich war entgeistert. Die Alpen, das Mittelmeer, die Weinberge, das war doch noch gar nicht die ganze Welt!

Weil ich aber diese ganze Welt entdecken wollte, musste ich schweren Herzens Abschied von meinen Weggefährten nehmen. Sie schenkten mir eine Schwalbenfeder, damit ich sie nicht vergaß, dann winkten wir uns zu und ich flog alleine weiter.

Da fing das Abenteuer erst richtig an. Ich sah den Dschungel mit seinen wilden Tieren. Affen, die auf Bäumen turnten, und Löwen, die auf leisen Sohlen schlichen. Ich sah die Wüste mit ihrer endlosen Sandfläche. Riesige Ozeane, Eisberge und Vulkane. Vulkane, die längst erloschen waren, aber auch gefährliche, die noch qualmten und brodelten. Kein Fleckchen auf dieser Erde sah aus wie das andere.

Oft traf ich andere Vögel und dann flogen wir eine Weile gemeinsam. Immer, wenn wir uns trennten, bat ich zur Erinnerung um eine Feder. So bin ich mit der Zeit zu meinem bunten Federkleid gekommen.

Und jetzt«, beendet der Unterwegs-Vogel seine Geschichte, »muss ich langsam weiterziehen.«

»Warte!« Schnell sucht Merle die Indianerfeder aus der Schublade, die sie im Kindergarten gebastelt hat. »Die schenke ich dir.«

»Oh, vielen Dank! Diese schöne Feder wird mich immer an dich erinnern.« Erfreut neigt der Unterwegs-Vogel den Kopf und steckt die Feder zwischen seine Flügel. Dann schwingt er sich in die Lüfte.

»Gute Reise!« Merle winkt ihm hinterher. »Und besuch mich mal wieder!«